Name: _____ __

Phone: _____ __

Email: _____ __

CW01304409

Address: _____

_____

Dates: _____

Topic: Page

_____ ____

_____ ____

_____ ____

_____ ____

_____ ____

_____ ____

_____ ____

Page:

Page:

Page:

Page:

Page:

Page:

Page:

Page:

Page:

Page:

Page:

Page:

Page:

Page:

Page:

Page:

Page:

Page:

Page:

Page:

Page:

Page:

Page:

Page:

Page:

Page:

Page:

Page:

Page:

Page:

Page:

Page:

Page:

Page:

Page:

Page:

Page:

Page:

Page:

Page:

Page:

Page:

Page:

Page:

Page:

Printed in France by Amazon
Brétigny-sur-Orge, FR

26724805R00071